Khalil Gibran
Der Narr

Khalil Gibran

Der Narr

Seine Gleichnisse und Gedichte

Aus dem Englischen
von Kim Landgraf

ANACONDA

Die Originalausgabe erschien 1918 bei Alfred A. Knopf in New York unter dem Titel *The Madman. His Parables and Poems.*

Die Deutsche Nationalbibliothek verzeichnet diese Publikation in der Deutschen Nationalbibliografie; detaillierte bibliografische Daten sind im Internet unter http://dnb.d-nb.de abrufbar.

Umschlagmotiv: shutterstock / Anna Poguliaeva
Umschlaggestaltung: Druckfrei. Dagmar Herrmann, Bad Honnef
Satz: InterMedia – Lemke e. K., Ratingen
Printed in Germany 2018
ISBN 978-3-7306-0610-0
www.anacondaverlag.de
info@anacondaverlag.de

INHALT

GLEICHNISSE UND GEDICHTE

WIE ICH EIN NARR WURDE

Ihr fragt mich, wie ich ein Narr wurde. Es geschah so: Eines Tages, lange bevor viele Götter geboren wurden, erwachte ich aus einem tiefen Schlaf und sah, dass alle meine Masken gestohlen worden waren – die sieben Masken, die ich sieben Leben lang gestaltet und getragen habe. Ich lief maskenlos durch die belebten Straßen und rief: »Diebe, Diebe, die verfluchten Diebe.«

Männer und Frauen lachten mich aus, und manche liefen in ihre Häuser, weil sie Angst vor mir hatten.

Und als ich den Marktplatz erreichte, rief ein Junge von einem Hausdach herunter: »Er ist ein Narr.« Ich hob den Kopf, um ihn zu sehen, und zum ersten Mal küsste die Sonne mein eigenes nacktes Gesicht. Zum ersten Mal küsste die Sonne mein eigenes nacktes Gesicht, und meine Seele entflammte in Liebe zur Sonne, und ich wollte meine Masken nicht mehr. Und wie verzückt rief ich aus: »Gesegnet und gepriesen seien die Diebe, die meine Masken stahlen.«

So bin ich zum Narren geworden.

Und ich habe sowohl Freiheit als auch Sicherheit in meinem Wahnsinn gefunden; die Freiheit des Alleinseins und das Bewahrtsein vor dem Verstandenwerden. Denn die, die uns verstehen, versklaven etwas in uns.

Aber ich will nicht allzu stolz auf diese Sicherheit sein. Auch ein Dieb im Gefängnis ist sicher vor einem anderen Dieb.

GOTT

Als in uralten Tagen das erste Beben der Sprache meine Lippen erreichte, stieg ich den Heiligen Berg hinauf und sprach zu Gott: »Herr, ich bin Dein Sklave. Dein verborgener Wille ist mein Gesetz, und ich will Dir ewig gehorchen.«

Aber Gott antwortete nicht und zog wie ein mächtiger Sturm vorüber.

Und tausend Jahre später stieg ich noch einmal den Heiligen Berg hinauf und sprach zu Gott: »Schöpfer, ich bin Deine Schöpfung. Aus Lehm hast Du mich geschaffen, und Dir verdanke ich alles, was ich bin.«

Aber Gott antwortete nicht, sondern zog vorüber wie tausend rasende Schwingen.

Und tausend Jahre später stieg ich noch einmal den Heiligen Berg hinauf und sprach zu Gott: »Vater, ich bin Dein Sohn. Aus Erbarmen und Liebe hast Du mir das Leben geschenkt, und durch Liebe und Ehrfurcht werde ich Dein Königreich erben.«

Aber Gott antwortete nicht und zog wie der Nebel vorüber, der die fernen Hügel verhüllt.

Und tausend Jahre später stieg ich noch einmal den Heiligen Berg hinauf und sprach zu Gott: »Mein Gott, mein Ziel und meine Erfüllung. Ich bin Dein Gestern, und Du bist mein Morgen. Ich bin Deine Wurzel im Erdreich, und Du bist meine Blume im Himmel, und gemeinsam wachsen wir dem Antlitz der Sonne entgegen.«

Daraufhin neigte sich Gott zu mir herab und flüsterte süße Worte in mein Ohr, und wie das Meer einen Bach, der zu ihm herabfließt, umfängt, so umfing er auch mich.

Und als ich in die Täler und Ebenen hinabstieg, war Gott auch dort.

MEIN FREUND

Mein Freund, ich bin nicht, was ich scheine. Der Schein ist nur ein Kleid, das ich trage, ein Kleid aus Sorge gewoben, das mich vor deinen Fragen schützt und dich vor meiner Nachlässigkeit.

Das »Ich« in mir, mein Freund, wohnt im Haus der Stille und wird ewig darin verweilen, unerkannt, unnahbar.

Ich will nicht, dass du glaubst, was ich sage, noch dem vertraust, was ich tue, denn meine Worte sind nichts als deine Gedanken, in Sprache verwandelt, und meine Taten sind deine Hoffnung, verwandelt in Tun.

Wenn du sagst, »Der Wind bläst nach Osten«, dann sage ich, »Ja, er bläst nach Osten«, denn ich will nicht, dass du weißt, dass meine Gedanken nicht beim Wind, sondern beim Meer sind.

Du kannst mein Seefahrersehnen nicht verstehen, und ich will nicht, dass du verstehst. Ich will auf dem Meer allein sein.

Wenn für dich Tag ist, mein Freund, dann ist es Nacht bei mir. Aber selbst dann noch spreche ich vom Mittag, der auf den Hügeln tanzt, und vom purpurnen Schatten, der sich verstohlen durchs Tal schleicht. Denn du kannst die Lieder meiner Dunkelheit nicht hören und nicht sehen, wie meine Schwingen die Sterne berühren. Und ich möchte auch nicht, dass du hörst oder siehst. Ich will mit der Nacht allein sein.

Wenn du in deinen Himmel emporsteigst, fahre ich zu meiner Hölle hinab. Aber selbst dann noch rufst du mir über den unüberbrückbaren Abgrund hin zu, »Mein Gefährte, mein Begleiter«, und ich rufe zu dir zurück, »Mein Begleiter, mein Gefährte«, denn ich will nicht, dass du meine Hölle siehst. Die Flamme würde dein Augenlicht auslöschen, der Rauch deine Nase verschließen. Ich liebe meine Hölle zu sehr, als dass ich wollte, dass du sie besuchst. Ich will in der Hölle allein sein.

Du liebst die Wahrheit, die Schönheit, die Rechtschaffenheit, und um deinetwillen sage ich, es ist gut und schicklich, diese Dinge zu lieben. Doch in meinem Herzen lache ich über deine Liebe. Aber ich will nicht, dass du mein Lachen siehst. Ich will alleine lachen.

Mein Freund, du bist gut und achtsam und weise, nein, du bist vollkommen. Und auch ich spreche weise und achtsam mit dir. Und doch bin ich ein Narr. Aber ich verberge meine Narrheit. Ich will alleine Narr sein.

Mein Freund, du bist nicht mein Freund, was aber soll ich tun, dass du verstehst? Mein Weg ist nicht dein Weg, aber gemeinsam gehen wir dennoch, Hand in Hand.

DIE VOGELSCHEUCHE

Einmal sagte ich zu einer Vogelscheuche: »Du musst es müde sein, auf diesem einsamen Feld hier zu stehen.«

Und sie sagte: »Die Freude des Verscheuchens ist tief und beständig, und ich werde dessen niemals müde sein.«

Und nachdem ich kurz nachgedacht hatte, sagte ich: »Es ist wahr. Denn auch ich habe diese Freude gekannt.«

Sie sagte: »Nur wer mit Stroh ausgestopft ist, kann sie kennen.«

Dann verließ ich sie, ohne zu wissen, ob sie sich vor mir verneigt oder mich herabgesetzt hatte.

Ein Jahr verging, und währenddessen wurde die Vogelscheuche zum Philosophen.

Und als ich abermals an ihr vorüberkam, sah ich, wie unter ihrem Hut zwei Krähen ein Nest bauten.

DIE SCHLAFWANDLERINNEN

In meiner Geburtsstadt lebten eine Frau und ihre Tochter, beide wandelten in ihrem Schlaf.

Eines Nachts, als Stille die Welt umhüllte, trafen sich Mutter und Tochter, wandelnd, aber doch schlafend, in ihrem nebelverschleierten Garten.

Und die Mutter sprach und sagte: »Endlich, endlich, mein Feind! Du, durch den meine Jugend zerstört wurde, der du dein Leben errichtet hast auf den Trümmern des meinen! Ich wollte, ich könnte dich töten!«

Und die Tochter sprach und sagte: »Oh, du abscheuliche, alte, selbstsüchtige Frau! Die zwischen mir und meinem freieren Selbst steht! Die mein Leben zu einem Echo ihres eigenen, welken Lebens machen wollte! Ich wollte, du wärest tot!«

In diesem Augenblick krähte ein Hahn, und beide Frauen erwachten. Die Mutter sprach sanft: »Bist du es, mein Herz?« Und die Tochter antwortete sanft: »Ja, liebe Mutter.«

DER WEISE HUND

Eines Tages kam ein weiser Hund an einer Gruppe von Katzen vorüber.

Und als er näher kam und sah, dass sie in ihr Spiel sehr vertieft waren und ihm keine Beachtung schenkten, blieb er stehen.

Dann erhob sich aus ihrer Mitte eine große, würdevolle Katze, sah auf die anderen herab und sagte: »Brüder, ihr sollt beten. Und wenn ihr gebetet und nochmals gebetet habt und an nichts mehr zweifelt, wahrlich, dann wird es Mäuse regnen.«

Und als der Hund das hörte, lachte er in sich hinein und wandte sich ab und sagte: »Oh, ihr blinden, närrischen Katzen, steht es denn nicht geschrieben und ist es nicht mir und meinen Vätern längst bekannt, dass das, was durch Gebete, Glaube und Flehen herabregnet, nicht Mäuse, sondern Knochen sind?«

DIE ZWEI EINSIEDLER

Auf einem einsamen Berg lebten zwei Einsiedler, die Gott verehrten und einander liebten.

Diese beiden Einsiedler hatten eine irdene Schale, und das war ihr einziger Besitz.

Eines Tages schlich sich ein böser Geist in das Herz des älteren Einsiedlers, und er ging zu dem jüngeren und sagte: »Wir haben lange zusammengelebt. Die Zeit ist gekommen, dass wir uns trennen. Lass uns unsere Besitztümer teilen.«

Das machte den jüngeren Einsiedler traurig, und er sagte: »Es betrübt mich, Bruder, dass du mich verlassen willst. Doch wenn du gehen musst, dann sei es«, und brachte die irdene Schale, gab sie ihm und sagte: »Wir können sie nicht teilen, Bruder, sie sei dein.«

Da sagte der ältere Einsiedler: »Ich lasse keine Almosen gelten. Ich nehme nur, was mir gehört. Es muss geteilt werden.«

Und der Jüngere sagte: »Wenn die Schale zerbrochen wird, welchen Nutzen hat sie dann noch für dich oder mich? Wenn dir damit gedient ist, dann lass uns lieber das Los ziehen.«

Aber der ältere Einsiedler sagte noch einmal: »Ich will allein Gerechtigkeit und nur, was mir gehört, und ich werde weder die Gerechtigkeit noch was mir gehört dem eitlen Zufall überlassen. Die Schale muss geteilt werden.«

Da wusste der jüngere Einsiedler nicht mehr, wie er ihn überzeugen sollte, und er sagte: »Wenn es tatsächlich dein Wunsch ist und wenn du es trotz allem so willst, dann lass uns die Schale jetzt zerbrechen.«

Doch das Gesicht des älteren Einsiedlers verfinsterte sich gewaltig, und er rief: »Oh, du verfluchter Feigling, du willst nicht einmal kämpfen.«

ÜBER DAS GEBEN UND NEHMEN

Es lebte einmal ein Mann, der besaß ein ganzes Tal voller Nadeln. Und eines Tages kam die Mutter Jesu zu ihm und sagte: »Freund, das Kleid meines Sohnes ist zerrissen, und ich muss es unbedingt flicken, bevor er in den Tempel geht. Willst du mir nicht eine Nadel geben?«

Er aber gab ihr keine Nadel, sondern hielt ihr einen gelehrten Vortrag über das Geben und Nehmen, damit sie ihrem Sohn etwas brächte, bevor er in den Tempel ging.

DIE SIEBEN SEELEN

In der lautlosesten Stunde der Nacht, als ich im Halbschlaf dalag, saßen meine sieben Seelen beieinander und sprachen flüsternd folgenderweise:

Erste Seele: Hier, in diesem Narren, habe ich all diese Jahre gelebt und hatte nichts zu tun, als am Tage seinen Schmerz zu erneuern und bei Nacht seinem Kummer Erholung zu gewähren. Ich kann mein Schicksal nicht länger ertragen, jetzt begehre ich auf.

Zweite Seele: Deins ist das bessere Los, Bruder, denn ich muss die fröhliche Seele dieses Narren sein. Ich lache sein Lachen und singe seine glücklichen Stunden und tanze mit dreifach beflügelten Füßen seine glänzenderen Gedanken. Ich bin es, die gegen mein schales Dasein aufbegehren sollte.

Dritte Seele: Und was ist mit mir, der liebestollen Seele, der flammenden Fackel wilder Leidenschaft und überschäumender Begierden? Ich bin es, die liebeskranke

Seele, die gegen diesen Narren aufbegehren sollte.

Vierte Seele: Am erbärmlichsten von euch allen geht es mir, denn nichts ist mir überlassen als stinkender Hass und zerstörerische Abscheu. Ich bin es, die sturmgleiche Seele, die in den schwarzen Höhlen der Hölle geborene, die sich weigern sollte, diesem Narren weiter zu dienen.

Fünfte Seele: Nein, ich bin es, die denkende Seele, die schöpferische, die Seele des Hungers und des Durstes, die dazu verdammt ist, ruhelos umherzuwandern und das Unbekannte, Unerschaffene zu suchen. Ich bin es, nicht ihr, die aufbegehren sollte.

Sechste Seele: Und ich, die tätige Seele, die mitleidsvolle Arbeiterin, die mit geduldiger Hand und sehnsuchtsvollem Blick die Tage zu Bildern formt und den gestaltlosen Elementen neue, ewige Formen schenkt, ich bin es, die einsame Seele, die gegen diesen rastlosen Narren aufbegehren sollte.

Siebente Seele: Wie seltsam, dass ihr alle gegen diesen Mann aufbegehren wollt, denn jede Einzelne von euch hat ein vorherbestimmtes Schicksal zu erfüllen. Ach, könnte ich nur wie eine von euch sein, eine Seele mit festgelegtem Los. Doch ich habe kein Los, ich bin die Nichtstuer-Seele, die im dumpfen, leeren, zeitlosen Nirgendwo sitzt, während ihr damit beschäftigt seid, das Leben neu zu erschaffen. Seid ihr es, Gefährtinnen, oder bin ich es, die aufbegehren sollte?

Als die siebente Seele so sprach, sahen die anderen sechs sie mitleidig an und sagten von da an nichts mehr. Und als die Nacht sich weiter senkte, legte sich eine nach der anderen schlafen, von neuer und glücklicher Demut umhüllt.

Doch die siebente Seele blieb wach und starrte weiter ins Nichts, das hinter allen Dingen liegt.

KRIEG

Eines Abends wurde im Palast ein großes Festmahl gegeben, und es erschien ein Mann, der sich vor dem Fürsten zu Boden warf, und alle Gäste sahen ihn an. Sie sahen, dass ihm ein Auge fehlte und dass die leere Augenhöhle blutete. Und der Fürst fragte ihn: »Was ist mit dir geschehen?« Und der Mann antwortete: »Oh Fürst, ich bin von Beruf ein Dieb, und heute Nacht, weil kein Mond stand, ging ich los, um den Laden des Geldwechslers auszurauben, und als ich durch das Fenster stieg, machte ich einen Fehler und kletterte in die Werkstatt des Webers. Und in der Dunkelheit lief ich in den Webstuhl, und es riss mir das Auge heraus. Und nun, oh Fürst, ersuche ich um Gerechtigkeit gegen den Weber.«

Da schickte der Fürst nach dem Weber, er kam, und es erging der Erlass, dass ihm ein Auge ausgerissen werden sollte.

»Oh Fürst«, sagte der Weber, »der Erlass ist gerecht. Es ist richtig, dass mir ein Auge genommen wird. Und doch, bei Gott, ich brauche beide, damit ich beide Seiten sehen kann von dem Stoff, an dem ich webe. Aber ich habe einen Nachbarn, einen Schuster, der ebenfalls zwei Augen hat und der für seine Arbeit nicht beide braucht.«

Da schickte der Fürst nach dem Schuster. Der Schuster kam. Und sie rissen ihm eins der beiden Augen heraus.

Und so kam Gerechtigkeit zustande.

DER FUCHS

Ein Fuchs betrachtete bei Sonnenaufgang seinen Schatten und sagte: »Ich will heute Mittag ein Kamel verspeisen.« Und den ganzen Morgen lief er herum und suchte nach Kamelen. Doch am Mittag sah er noch einmal seinen Schatten – und sagte: »Eine Maus wird reichen.«

DER WEISE KÖNIG

Einst herrschte in der fernen Stadt Wirani ein König, der zugleich mächtig und weise war. Er wurde gefürchtet ob seiner Macht und geliebt ob seiner Weisheit.

Nun gab es im Herzen jener Stadt einen Brunnen, dessen Wasser kühl und klar war wie Kristall, aus dem alle Bewohner tranken, auch der König und seine Höflinge, denn es gab keinen anderen Brunnen.

Eines Nachts, als alle schliefen, kam eine Hexe in die Stadt und goss sieben Tropfen seltsamer Flüssigkeit in den Brunnen und sagte: »Wer von dieser Stunde an von diesem Wasser trinkt, der soll verrückt werden.«

Am nächsten Morgen tranken alle Bewohner außer dem König und seinem Kämmerer aus dem Brunnen und wurden verrückt, genau wie die Hexe es vorausgesagt hatte.

Und den ganzen Tag über taten die Leute in den engen Gassen und auf den Marktplätzen nichts anderes, als einander zuzuflüstern: »Der König ist verrückt. Unser König und sein Kämmerer haben den Verstand verloren. Wir können auf keinen Fall von einem verrückten König regiert werden. Wir müssen ihn entthronen.«

Am selben Abend befahl der König, dass ein goldener Becher mit Wasser aus dem Brunnen gefüllt wird. Und als man ihm den Becher brachte, tat er einen tiefen Schluck und gab ihn auch seinem Kämmerer, um daraus zu trinken.

Und es war eine große Freude in der fernen Stadt Wirani, denn ihr König und sein Kämmerer hatten ihren Verstand zurück.

EHRGEIZ

Drei Männer trafen sich an einem Tisch in einer Schenke. Der eine war Weber, der andere Zimmermann und der dritte ein Pflüger.

Da sagte der Weber: »Ich habe heute für zwei Goldstücke ein feines Totenhemd aus Leinen verkauft. Lasst uns so viel Wein trinken, wie wir wollen.«

»Und ich«, sagte der Zimmermann, »habe meinen besten Sarg verkauft. Wir essen einen großen Braten zu dem Wein.«

»Ich habe lediglich ein Grab geschaufelt«, sagte der Pflüger, »aber mein Herr hat mich doppelt dafür bezahlt. Lasst uns dazu auch Honigkuchen essen.«

Und den ganzen Abend ging es in der Schenke hoch her, denn immer wieder bestellten sie Wein und Braten und Kuchen und waren fröhlich.

Und der Wirt rieb sich die Hände und lächelte seiner Frau ins Gesicht. Denn die Gäste gaben reichlich.

Als sie die Schenke verließen, stand der Mond hoch, und sie liefen singend und rufend die Straße hinunter.

Der Wirt und seine Frau standen in der Tür ihrer Schenke und sahen ihnen nach.

»Ach«, sagte die Frau, »diese Herren! So freigebig und so lustig! Ach, brächten sie uns nur jeden Tag solches Glück! Dann müsste unser Sohn kein Schankwirt sein und so hart arbeiten. Wir könnten ihn zur Schule schicken, und er könnte Priester werden.«

DIE NEUE FREUDE

Letzte Nacht habe ich eine neue Freude erfunden, und als ich sie zum ersten Mal beging, stürmten ein Engel und ein Teufel zu meinem Haus. Sie trafen sich vor meiner Tür und rangen miteinander über meine neu erschaffene Freude. Der eine rief: »Es ist eine Sünde!« – der andere: »Es ist eine Tugend!«

DIE ANDERE SPRACHE

Drei Tage nach meiner Geburt, als ich in meiner seidenen Wiege lag und mit großem Erstaunen die neue Welt um mich betrachtete, sprach meine Mutter mit der Säugamme und sagte: »Wie geht es meinem Kind?«

Und die Säugamme antwortete: »Es geht ihm gut, gnädige Frau, ich habe ihn dreimal gefüttert, und nie zuvor sah ich ein Baby, das so jung und doch so fröhlich ist.«

Und ich war empört, und ich rief: »Das ist nicht wahr, Mutter, denn mein Bett ist hart, und die Milch, die ich trank, schmeckte bitter, und ein übler Gestank steigt von der Brust in meine Nase, und es geht mir höchst erbärmlich.«

Doch weder meine Mutter noch die Amme verstanden, denn meine Sprache war die der Welt, aus der ich kam.

Und am einundzwanzigsten Tag meines Lebens, als ich getauft wurde, sagte der Priester zu meiner Mutter: »Ihr könnt Euch wahrhaft glücklich schätzen, gnädige Frau, dass Euer Sohn als Christ geboren wurde.«

Und ich war überrascht und sagte zu dem Priester: »Dann ist Eure himmlische Mutter im Unglück, denn Ihr wurdet nicht als Christ geboren.«

Doch auch der Priester verstand meine Sprache nicht.

Und sieben Monate später besah mich eines Tages ein Wahrsager, und er sagte zu meiner Mutter: »Dein Sohn wird ein bedeutender Staatsmann und ein großer Führer der Menschen.«

Ich aber rief: »Das ist eine falsche Prophezeiung. Denn ich werde Musiker, und nichts als ein Musiker werde ich sein.«

Doch selbst in diesem Alter wurde meine Sprache nicht verstanden – und mein Erstaunen war groß.

Und nach dreiunddreißig Jahren, in denen meine Mutter, die Amme und der Priester alle gestorben sind (möge Gott ihre Seelen beschützen), lebt der Wahrsager noch immer. Und gestern traf ich ihn nahe beim Tor des Tempels, und während wir so sprachen, sagte er: »Ich habe immer gewusst, dass aus dir ein großer Musiker werden würde. Noch als du ein Säugling warst, habe ich deine Zukunft geweissagt und prophezeit.«

Und ich glaubte ihm – denn inzwischen habe auch ich die Sprache jener anderen Welt vergessen.

DER GRANATAPFEL

Als ich einst im Herzen eines Granatapfels lebte, hörte ich einen der Kerne sagen: »Eines Tages wird aus mir ein Baum, und der Wind wird in meinen Zweigen singen, und die Sonne wird auf meinen Blättern tanzen, und ich werde stark und schön sein, durch alle Jahreszeiten hindurch.«

Dann sprach ein anderer Kern und sagte: »Als ich so jung war wie du, habe ich auch so gedacht. Doch nun, wo ich alles ermessen und die Dinge abwägen kann, sehe ich, dass meine Hoffnungen leer waren.«

Und auch ein dritter Kern sprach: »Ich kann nichts in uns entdecken, das so eine große Zukunft verspricht.«

Und ein vierter sagte: »Doch was wäre unser Leben für ein Hohn ohne eine größere Zukunft!«

Und ein fünfter sagte: »Warum darüber streiten, was wir sein werden, wenn wir nicht einmal wissen, was wir sind.«

Aber ein sechster antwortete: »Was immer wir sind, wir werden es weiterhin sein.«

Und ein siebenter sagte: »Ich habe solch eine klare Vorstellung davon, wie alles sein wird, aber ich kann sie nicht in Worte fassen.«

Dann sprachen ein achter, ein neunter, ein zehnter und dann viele, bis sie alle durcheinander sprachen und ich ob der vielen Stimmen nichts mehr verstand.

Also begab ich mich an eben diesem Tag in das Herz einer Quitte, wo es nur wenige, fast stumme Kerne gibt.

DIE ZWEI KÄFIGE

Im Garten meines Vaters stehen zwei Käfige. In einem lebt ein Löwe, den die Sklaven meines Vaters aus der Wüste von Ninive hierher gebracht haben, in dem anderen lebt ein Spatz, der nicht singt.

Jeden Tag im Morgengrauen ruft der Spatz zum Löwen hinüber: »Einen schönen guten Morgen, lieber Gefängnisbruder.«

DIE DREI AMEISEN

Es trafen sich drei Ameisen auf der Nase eines Mannes, der schlafend in der Sonne lag. Und nachdem sie einander begrüßt hatten, jede nach der Art und Sitte ihres Stammes, standen sie da und unterhielten sich.

Die erste Ameise sagte: »Diese Hügel und Ebenen sind die kargsten, die mir je begegnet sind. Ich habe den ganzen Tag nach irgendeinem Korn gesucht, und ich kann nirgends eins entdecken.«

Da sagte die zweite Ameise: »Auch ich habe nichts gefunden, obwohl ich jeden Winkel und jede Lichtung abgesucht habe. Dies wird das Land sein, welches mein Volk das weiche, wandernde nennt, das Land, auf dem nichts wächst.«

Dann hob die dritte Ameise den Kopf und sagte: »Meine Freunde, wir stehen in diesem Augenblick auf der Nase der Höchsten Ameise, der mächtigen, unendlichen Ameise, deren Körper so groß ist, dass wir ihn nicht sehen können, deren Schatten so gewaltig ist, dass wir ihm nicht nachgehen können, deren Stimme so laut ist, dass wir sie nicht hören können, und Sie ist allgegenwärtig.«

Und als die dritte Ameise so sprach, sahen sich die anderen beiden an und lachten.

In diesem Augenblick bewegte sich der Mann, hob im Schlaf die Hand und kratzte sich die Nase, und die drei Ameisen wurden zerquetscht.

DER TOTENGRÄBER

Einst, als ich eine meiner toten Seelen begrub, trat der Totengräber zu mir hin und sagte: »Von allen, die hierher kommen, um zu begraben, bist du der Einzige, den ich mag.«

Ich sagte: »Das freut mich außerordentlich, aber warum magst du mich so?«

»Weil die anderen«, sagte er, »weinend hierher kommen und weinend wieder gehen. Du bist der Einzige, der lachend kommt und lachend geht.«

AUF DEN STUFEN DES TEMPELS

Gestern Abend, auf den marmornen Stufen des Tempels, sah ich eine Frau, die zwischen zwei Männern saß. Die eine Seite ihres Gesichtes war blass, die andere errötete.

DIE SELIGE STADT

In meiner Jugend erzählte man mir, dass in einer bestimmten Stadt alle Menschen nach der Heiligen Schrift leben.

Und ich sagte: »Ich will diese Stadt und ihre Seligkeit suchen.« Der Weg war weit, und ich traf große Vorsorge für meine Reise. Und nach vierzig Tagen erblickte ich die Stadt, und am einundvierzigsten Tag trat ich durch ihr Tor.

Und siehe! Von sämtlichen Bewohnern dieser Stadt hatte jeder nur ein einziges Auge und nur eine Hand. Und ich war erstaunt und sprach zu mir selbst: »Haben alle Bewohner dieser so heiligen Stadt wirklich nur ein Auge und eine Hand?«

Dann sah ich, dass auch sie erstaunt waren, denn sie wunderten sich sehr über meine zwei Hände und zwei Augen. Und als sie miteinander sprachen, trat ich fragend auf sie zu und sagte: »Ist dies wirklich die Selige Stadt, wo jeder nach der Heiligen

Schrift lebt?« Und sie sagten: »Ja, das ist diese Stadt.«

»Und was«, fragte ich, »ist euch widerfahren? Wo sind eure rechten Augen und eure rechten Hände?«

Und all diese Leute waren gerührt. Und sie sagten: »Kommt und seht.«

Und sie führten mich zum Tempel in der Mitte der Stadt. Und im Tempel sah ich einen Berg von Händen und Augen. Alle verdorrt. Dann sagte ich: »Oh weh! Welcher Eroberer hat diese Grausamkeit an euch verübt?«

Und es ging ein Raunen durch die Menge. Und einer der Älteren trat vor und sagte: »Dies haben wir selbst getan. Gott hat uns zu Siegern über das Böse gemacht, das in uns war.«

Und er führte mich zu einem Hochaltar, und all die Leute folgten uns. Und er zeigte mir eine gemeißelte Inschrift über dem Altar, und ich las:

»Wenn dein rechtes Auge sich gegen dich versündigt, dann reiß es aus und wirf es von dir. Denn es ist besser für dich, dass eins deiner Glieder verderbe und nicht der ganze Leib in die Hölle geworfen werde. Und wenn deine rechte Hand sich gegen dich versündigt, dann haue sie ab und wirf sie von dir. Denn es ist besser für dich, dass eins deiner Glieder verderbe und nicht der ganze Leib in die Hölle fahre.«

Dann verstand ich. Und ich drehte mich um zu all diesen Leuten und rief: »Hat wirklich kein Mann und keine Frau unter euch zwei Augen oder zwei Hände?«

Und sie antworteten mir und sagten: »Nein, nicht einer. Niemand von uns ist ganz, außer denen, die noch zu jung sind, um die Heilige Schrift zu lesen und ihre Gesetze zu verstehen.«

Und als wir aus dem Tempel heraustraten, verließ ich augenblicklich jene Selige Stadt. Denn ich war nicht zu jung, und ich war in der Lage, die Heilige Schrift zu lesen.

DER GUTE UND DER BÖSE GOTT

Der gute und der böse Gott trafen sich auf der Spitze des Berges.

Der gute Gott sagte: »Einen guten Tag Euch, Bruder.«

Der böse Gott antwortete nicht.

Und der gute Gott sagte: »Ihr seid übel gelaunt heute.«

»Ja«, sagte der böse Gott, »denn in letzter Zeit wurde ich oft mit Euch verwechselt, man rief mich bei Eurem Namen und behandelte mich, als sei ich der Gute, und das missfällt mir.«

Und der gute Gott sagte: »Aber auch ich wurde mit Euch verwechselt, und man rief mich bei Eurem Namen.«

Der böse Gott ging davon und verfluchte die Dummheit der Menschen.

»UNSIEG«

Unsieg, mein Unsieg, meine Einsamkeit
und meine Ferne,
Du bist mir lieber als tausend Triumphe
Und meinem Herzen süßer als aller Ruhm
der Welt.

Unsieg, mein Unsieg, meine Selbsterkennt-
nis und mein Trotz,
Ich weiß durch dich, dass ich noch jung
und leichtfüßig bin
Und nicht in die Falle verwelkender
Lorbeeren gerate.
Und in dir nur habe ich Alleinsein gefunden
Und die Freude, gemieden und verachtet zu
werden.

Unsieg, mein Unsieg, mein glänzendes
Schwert und mein Schild,
In deinen Augen las ich,
Dass gekrönt versklavt zu werden

Und dass verstanden erniedrigt zu werden
bedeutet,
Und dass begriffen zu werden nur bedeutet,
seine Fülle zu erreichen
Und wie eine reife Frucht zu fallen und
verspeist zu werden.

Unsieg, mein Unsieg, mein kühner Begleiter,
Du sollst meine Lieder hören, meine
Schreie und mein Schweigen,
Und niemand außer dir soll vom Schlagen
der Flügel mir sprechen
Und vom Drängen der Meere
Und vom Brennen der Berge bei Nacht,
Und du allein sollst meine steile, felsige
Seele erklimmen.

Unsieg, mein Unsieg, mein unsterblicher
Mut,
Du und ich gemeinsam werden lachen mit
dem Sturm,
Und gemeinsam schaufeln wir die Gräber
für alle, die in uns sterben,
Und in der Sonne werden wir stehen mit
einem Willen,
Und wir werden gefährlich sein.

DIE NACHT UND DER NARR

Ich bin wie du, oh Nacht, dunkel und nackt. Ich gehe den flammenden Pfad, der über meinen Tagträumen liegt, und wann immer mein Fuß die Erde berührt, sprießt ein riesiger Eichbaum hervor.«

»Nein, du bist nicht wie ich, oh Narr, denn du schaust noch immer zurück, um zu sehen, wie groß die Fußspur ist, die du im Sand zurücklässt.«

»Ich bin wie du, oh Nacht, schweigsam und tief. Und im Herzen meiner Einsamkeit liegt eine Göttin im Kindbett, und in dem, den sie gebiert, berührt der Himmel die Hölle.«

»Nein, du bist nicht wie ich, oh Narr, denn du erschauderst noch vor dem Schmerz, und der Gesang des Abgrunds erfüllt dich mit Schrecken.«

»Ich bin wie du, oh Nacht, wild und furchtbar. Denn meine Ohren sind erfüllt von den Schreien eroberter Völker und den Seufzern vergessener Länder.«

»Nein, du bist nicht wie ich, oh Narr, denn du hältst dein kleines Zwergen-Ich noch immer für einen Begleiter, und mit deinem Riesen-Ich kannst du keine Freundschaft schließen.«

»Ich bin wie du, oh Nacht, grausam und schrecklich. Denn meine Brust wird erleuchtet von brennenden Schiffen auf See, und meine Lippen sind nass vom Blut erschlagener Krieger.«

»Nein, du bist nicht wie ich, oh Narr, denn noch immer brennt in dir die Sehnsucht nach einer verwandten Seele, und du bist dir noch nicht selbst Gesetz.«

»Ich bin wie du, oh Nacht, freudig und froh. Denn er, der meinen Schatten bewohnt, ist jetzt trunken von jungem Wein, und sie, die mir hinterhergeht, sündigt heiter.«

»Nein, du bist nicht wie ich, oh Narr, denn deine Seele ist in den siebenfältigen Schleier gehüllt, und dein Herz hältst du nicht in der Hand.«

»Ich bin wie du, oh Nacht, geduldig und berauscht. Denn tausend tote Liebende sind in meiner Brust begraben, liegen dort in Totenhemden welker Küsse.«

»Wahrhaftig, Narr, bist du wie ich? Bist du wie ich? Und reitest den Sturm wie ein Ross und packst den Blitz wie ein Schwert?«

»Wie du, oh Nacht, wie du, mächtig und erhaben, und mein Thron ist auf Sockeln gefallener Götter errichtet. Und auch an mir schreiten die Tage vorüber, um den Saum meines Kleides zu küssen und mir niemals ins Gesicht zu sehen.«

»Bist du wie ich, du Kind meines dunkelsten Herzens? Und denkst meine ungezähmten Gedanken und sprichst meine endlose Sprache?«

»Ja, oh Nacht, wahrhaftig, wir sind Zwillingsgeschwister. Denn du offenbarst das All, und ich offenbare meine Seele.«

GESICHTER

Ich habe ein Gesicht mit tausend Mienen gesehen und ein Gesicht, das nur eine einzige Miene war, als würde es in einer Gussform gehalten.

Ich habe ein Gesicht gesehen, durch dessen prunkvollen Glanz ich die Hässlichkeit erkannte, und ein Gesicht, dessen Glanz ich lüften musste, um zu sehen, wie schön es war.

Ich habe ein altes Gesicht gesehen, tief gezeichnet von nichts, und ein glattes Gesicht, in das sich alles eingeprägt hatte.

Ich verstehe Gesichter, weil ich durch den Stoff hindurchsehe, den meine eigenen Augen weben, und ich die Wirklichkeit darunter erkenne.

DAS GRÖSSERE MEER

Meine Seele und ich machten uns auf zum großen Meer, um zu baden. Und als wir die Küste erreichten, suchten wir lange nach einem versteckten und einsamen Ort.

Doch während wir so gingen, sahen wir einen Mann auf einem grauen Felsen sitzen, der kleine Mengen Salz aus einem Beutel nahm und sie ins Meer warf.

»Das ist der Pessimist«, sagte meine Seele. »Lass uns diesen Ort verlassen. Wir können hier nicht baden.«

Wir gingen weiter, bis wir eine schmale Bucht erreichten. Dort sahen wir einen Mann auf einem weißen Felsen stehen, der eine juwelenbesetzte Dose in der Hand hielt, aus der er Zucker nahm und ihn ins Meer warf.

»Das ist der Optimist«, sagte meine Seele. »Und auch er soll unsere nackten Körper nicht sehen.«

Wieder gingen wir weiter. Und an einem Strand sahen wir einen Mann, der tote Fische auflas und sie zärtlich zurück ins Wasser trug.

»Wir können auch vor seinen Augen nicht baden«, sagte meine Seele. »Er ist der Menschenfreund.«

Und wir gingen weiter.

Dann kamen wir an einen Ort, an dem ein Mann seinen Schatten in den Sand zeichnete. Große Wellen rollten heran und löschten ihn aus. Er aber zeichnete ihn wieder und wieder.

»Er ist der Mystiker«, sagte meine Seele. »Lass uns gehen.«

Und wir gingen weiter, bis wir in einer ruhigen kleinen Bucht einen Mann sahen, der den Schaum vom Wasser schöpfte und in eine Schale aus Alabaster füllte.

»Das ist der Idealist«, sagte meine Seele. »Sicher muss auch er nicht unsere Nacktheit sehen.«

Und wir gingen weiter. Plötzlich hörten wir, wie eine Stimme rief: »Dies ist das Meer. Dies ist das tiefe Meer. Dies ist das endlose, mächtige Meer.« Und als wir die Stimme erreichten, war es ein Mann, der mit dem Rücken zum Meer stand und sein Ohr an eine Muschelschale hielt und ihrem Flüstern lauschte.

Und meine Seele sagte: »Lass uns weitergehen. Er ist der Realist, der dem Ganzen, das er nicht fassen kann, den Rücken kehrt und sich nur mit einem Teil beschäftigt.«

Also gingen wir weiter. Und an einem seegrasbewachsenen Ort zwischen Felsen stand ein Mann, der seinen Kopf in den Sand steckte. Und ich sagte zu meiner Seele: »Hier können wir baden, denn er kann uns nicht sehen.«

»Nein«, sagte meine Seele. »Denn er ist der tödlichste von allen. Er ist der Puritaner.«

Dann wurde das Gesicht meiner Seele von großer Traurigkeit überschattet, und ihre Stimme klang betrübt.

»Lass uns von hier fortgehen«, sagte sie. »Denn es gibt keinen einsamen und versteckten Ort, an dem wir baden können. Ich möchte nicht, dass dieser Wind mein goldenes Haar durchfährt, ich möchte meinen weißen Busen in dieser Luft nicht entblößen, und ich will nicht, dass das Licht meine heilige Nacktheit enthüllt.«

Dann gingen wir fort von diesem Meer, um das Größere Meer zu suchen.

GEKREUZIGT

Ich rief zu den Menschen: »Ich will gekreuzigt werden!«

Und sie sagten: »Warum sollte dein Blut über unsere Häupter kommen?«

Und ich antwortete: »Wie wollt ihr anders verherrlicht werden, wenn ihr nicht die Narren kreuzigt?«

Und dann schenkten sie mir Beachtung, und sie kreuzigten mich. Und die Kreuzigung besänftigte mich.

Und als man mich zwischen Erde und Himmel gehängt hatte, hoben sie ihre Häupter, um mich zu sehen. Und sie wurden verherrlicht, denn nie zuvor waren ihre Häupter erhoben worden.

Doch wie sie dort standen und zu mir aufblickten, rief einer: »Wofür aber sucht Ihr zu büßen?«

Und ein anderer rief: »Was ist der Grund für Euer Selbstopfer?«

Und eine dritter sagte: »Glaubt Ihr, dass Ihr zu diesem Preis den Ruhm der Welt erkauft?«

Dann sagte ein vierter: »Seht, wie er lächelt! Kann solch ein Schmerz vergeben werden?«

Und ich antwortete ihnen allen und sagte:

»Erinnert euch nur, dass ich gelächelt habe. Ich büße nicht, noch opfere ich, noch ist der Ruhm mein Wunsch; und ich habe nichts zu vergeben. Mich dürstete, und ich flehte euch an, mir mein Blut zu trinken zu geben. Denn was kann den Durst eines Narren löschen, wenn nicht sein eigenes Blut? Ich war stumm – und ich bat euch um Wunden als Münder. Ich war gefangen in euren Tagen und Nächten – und ich suchte ein Tor zu größeren Tagen und Nächten.

Und jetzt scheide ich von euch – wie andere, die gekreuzigt wurden, von euch geschieden sind. Und ich denke nicht, dass wir der Kreuzigung je müde werden. Denn wir müssen gekreuzigt werden von freieren und immer freieren Menschen, zwischen größeren Erden und größeren Himmeln.«

DER ASTRONOM

Im Schatten des Tempels sahen mein Freund und ich einen blinden Mann einsam sitzen. Und mein Freund sagte: »Schau her, das ist der weiseste Mann unseres Landes.«

Da ließ ich meinen Freund zurück, näherte mich dem blinden Mann und grüßte ihn. Und wir unterhielten uns.

Nach einer Weile sagte ich: »Verzeiht meine Frage, aber seit wann seid Ihr blind?«

»Seit meiner Geburt«, antwortete er.

Ich sagte: »Und welchem Pfad der Weisheit folgt Ihr?«

Er sagte: »Ich bin Astronom.«

Dann legte er sich die Hand auf die Brust und sagte: »Ich beobachte all diese Sonnen und Monde und Sterne.«

DIE GROSSE SEHNSUCHT

Hier sitze ich zwischen meinem Bruder, dem Berg, und meiner Schwester, der See.

Wir drei sind eins in Einsamkeit, und die Liebe, die uns verbindet, ist tief und stark und fremd. Nein, sie ist tiefer als die Tiefe meiner Schwester und stärker als die Stärke meines Bruders und fremder als die Fremdheit meiner Narrheit.

Äonen um Äonen sind vergangen, seit das erste Morgengrauen uns einander gezeigt hat, und obwohl wir Geburt und Fülle und Tod vieler Welten sahen, sind wir noch immer begierig und jung.

Wir sind jung und begierig, und doch sind wir ohne Liebhaber, niemand hat uns besucht. Und obwohl wir uns in ungebrochen halber Umarmung befinden, sind wir ungetröstet. Und welchen Trost kann es geben für gezähmtes Verlangen und ungelebte Leidenschaft? Woher kommt der flammende Gott, um das Bett meiner Schwester zu wärmen? Und welche Sturzflut löscht das Feuer meines Bruders? Und wer ist die Frau, die meinem Herzen befiehlt?

In der Stille der Nacht murmelt meine Schwester im Schlaf den unbekannten Namen jenes Feuergottes, und mein Bruder ruft in die Ferne nach jener kühlen, abgewandten Göttin. Nach wem aber rufe ich in meinem Schlaf? Ich weiß es nicht.

* * *

Hier sitze ich zwischen meinem Bruder, dem Berg, und meiner Schwester, der See. Wir drei sind eins in Einsamkeit, und die Liebe, die uns verbindet, ist tief und stark und fremd.

SAGTE EIN GRASHALM

Sagte ein Grashalm zu einem Herbstblatt: »Du bist so laut, wenn du fällst. Du jagst alle meine Winterträume fort.«

Sagte das Blatt entrüstet: »Du nörgelndes, liedloses Ding von so niedriger Wohnstatt und Geburt! Du lebst nicht in höheren Lüften, und du erkennst nicht den Klang der Lieder.«

Dann legte sich das Herbstblatt auf die Erde und schlief. Und als es Frühling wurde, erwachte es zu neuem Leben – und war ein Grashalm.

Und als es Herbst wurde und sein Winterschlaf bevorstand und über ihm durch all die Lüfte Blätter fielen, murrte es vor sich hin: »Oh, diese Herbstblätter! Sie machen solch einen Krach! Sie jagen alle meine Winterträume fort.«

DAS AUGE

Eines Tages sagte das Auge: »Jenseits dieser Täler sehe ich einen Berg von blauem Dunst umschleiert. Ist er nicht schön?«

Das Ohr lauschte, und als es eine Weile angestrengt gelauscht hatte, sagte es: »Aber wo ist dieser Berg? Ich kann ihn nicht hören.«

Dann sprach die Hand und sagte: »Vergeblich versuche ich, ihn zu fühlen oder zu berühren, aber ich kann keinen Berg entdecken.«

Und die Nase sagte: »Da ist kein Berg, ich kann ihn nicht riechen.«

Dann sah das Auge woanders hin, und alle zusammen sprachen sie über die seltsame Täuschung des Auges. Und sie sagten: »Irgendwas ist mit dem Auge nicht in Ordnung.«

DIE ZWEI GELEHRTEN MÄNNER

Einst lebten in der alten Stadt Afkar zwei gelehrte Männer, welche die Gelehrsamkeit des jeweils anderen hassten und herabsetzten. Denn einer von ihnen leugnete die Existenz der Götter, und der andere glaubte.

Eines Tages begegneten sich die beiden auf dem Marktplatz, und mitten unter ihren Schülern begannen sie über die Existenz oder Nicht-Existenz der Götter zu zanken und zu rechten. Und nach stundenlangem Streit gingen sie auseinander.

An diesem Abend ging der Ungläubige in den Tempel, warf sich vor dem Altar auf den Boden und betete zu den Göttern, damit sie ihm sein abtrünniges Leben verziehen.

Und zur selben Stunde verbrannte der andere gelehrte Mann, der immer für die Götter gesprochen hatte, seinen heiligen Bücher. Denn er war ungläubig geworden.

ALS MEIN KUMMER GEBOREN WURDE

Als mein Kummer geboren wurde, zog ich ihn fürsorglich auf und gab mit liebender Zärtlichkeit auf ihn Acht.

Und mein Kummer wuchs, wie alles Lebendige wächst; stark und schön und voller wunderbarer Freuden.

Und wir liebten einander, mein Kummer und ich, und wir liebten die Welt um uns herum. Denn mein Kummer hatte ein gütiges Herz, und meines war gütig mit ihm.

Und wenn wir uns unterhielten, mein Kummer und ich, bekamen unsere Tage Flügel, und unsere Nächte waren umflochten von Träumen. Denn mein Kummer besaß eine beredsame Zunge, und meine war beredsam mit ihm.

Und wenn wir gemeinsam sangen, mein Kummer und ich, saßen unsere Nachbarn am Fenster und lauschten. Denn unsere Lieder waren tief wie das Meer, und unsere Weisen voll von fremden Erinnerungen.

Und wenn wir gemeinsam spazieren gingen, mein Kummer und ich, sahen uns die Leute mit lieben Augen an und flüsterten in Worten von äußerster Süße. Und es gab solche, die uns neidvoll beäugten, denn mein Kummer war ein erhabenes Ding, und ich war stolz auf ihn.

Doch mein Kummer starb, wie alles Lebendige stirbt, und ich blieb einsam zurück, um zu grübeln und zu sinnen.

Und wenn ich jetzt spreche, schlagen meine Worte mir schwer ans Ohr.

Und wenn ich meine Lieder singe, kommen die Nachbarn nicht, um zu lauschen.

Und wenn ich die Straße entlanggehe, schaut mich keiner mehr an.

Nur noch im Schlaf höre ich Stimmen, die mitleidvoll sagen: »Schau her, dort liegt der Mann, dessen Kummer verstarb.«

UND ALS MEINE FREUDE GEBOREN WURDE

Und als meine Freude geboren wurde, hielt ich sie in den Armen, stand auf dem Dach meines Hauses und rief: »Kommt, meine Nachbarn, kommt und schaut her. Denn heute ist mir die Freude geboren. Kommt und seht dieses heitere Etwas, das in der Sonne lacht.«

Doch keiner meiner Nachbarn kam, um meine Freude zu sehen, und mein Erstaunen war groß.

Sieben Monate lang verkündete ich jeden Tag vom Dach meines Hauses meine Freude – und doch schenkte mir niemand Beachtung. Ich blieb mit meiner Freude allein, unbegehrt und unbesucht.

Dann wurde meine Freude blass und müde, weil kein anderes Herz als meines ihren Liebreiz gewahrte und keine anderen Lippen sie küssten als meine.

Dann starb meine Freude, weil sie allein war.

Und nun gedenke ich meiner toten Freude nur, wenn ich meines toten Kummers gedenke. Doch die Erinnerung ist ein Herbstblatt, das eine Weile im Wind leise rauscht und dann nie wieder gehört wird.

»DIE VOLLKOMMENE WELT«

Gott der verlorenen Seelen, selbst verloren unter den Göttern, höre mich an:

Gütiges Schicksal, das über uns wacht, verrückte, irrende Seelen, hört mich an:

Ich wohne inmitten eines vollkommenen Volkes, ich, der Unvollkommenste.

Ich, ein menschliches Chaos, ein Nebel verwirrter Elemente, bewege mich zwischen vollendeten Welten – Menschen mit absoluten Gesetzen und reinen Systemen, deren Gedanken geordnet, deren Träume sortiert und deren Visionen verzeichnet und registriert sind.

Ihre Tugenden, Gott, sind berechnet, ihre Sünden gewogen, und selbst die zahllosen Dinge, die sich im trüben Zwielicht zwischen Sünde und Tugend bewegen, sind erfasst und eingetragen.

Hier sind Tage und Nächte gegliedert in Zeiten des rechten Verhaltens und werden beherrscht von Gesetzen, die von tadelloser Richtigkeit sind.

Essen, trinken, schlafen, seine Nacktheit bedecken und dann zur rechten Zeit erschöpft sein.

Arbeiten, spielen, singen, tanzen und sich dann zur Ruhe begeben, wenn die Stunde schlägt.

So zu denken und so viel zu fühlen und dann das Denken und Fühlen beenden, sobald ein bestimmter Stern sich über den Horizont dort drüben erhebt.

Einen Nachbarn lächelnd berauben, mit anmutiger Geste Geschenke verteilen, besonnen preisen, vorsichtig tadeln, mit einem Wort eine Seele vernichten, mit einem Atemzug einen Körper verbrennen und sich dann die Hände waschen, sobald das Tagwerk getan ist.

Nach festgefügter Ordnung lieben, in vorbestimmter Weise sein bestes Ich unterhalten, geziemend die Götter verehren, kunstvoll die Teufel umspinnen – und dann all das vergessen, als wäre das Erinnern tot.

Träumen nach Vorsatz, betrachten mit Vorsicht, glücklich sein auf sanfte, leiden auf erhabene Weise – und dann die Schale leeren, auf dass der morgige Tag sie abermals füllt.

All diese Dinge, oh Gott, sind mit Vorbedacht ersonnen, werden in fester Absicht geboren, mit großer Sorgfalt aufgezogen, werden von Regeln beherrscht, von Vernunft geleitet und dann auf vorgeschriebene Weise gemordet und begraben. Und selbst noch ihre stillen Gräber, tief in der menschlichen Seele verborgen, sind genau beschriftet und mit Nummern versehen.

Es ist eine vollkommene Welt, eine Welt von höchster Vortrefflichkeit, eine Welt überragendster Wunder, die reifste Frucht im Garten Gottes, der Meistergedanke des Universums.

Doch warum muss ich hier sein, oh Gott, ich, ein lebendiger Same unerfüllter Leidenschaft, ein wilder Sturm, der weder Ost noch Westen sucht, ein verirrter Bruchteil eines verbrannten Planeten?

Warum bin ich hier, oh Gott der verlorenen Seelen, selbst verloren unter den Göttern?